Felipe Antonio Santorelli Iovino

Erotismo

Felipe Antonio Santorelli Iovino

Erotismo

Poemas eróticos de tonisan

JustFiction Edition

Cover image: www.ingimage.com

Publisher:
JustFiction! Edition
is a trademark of
International Book Market Service Ltd., member of OmniScriptum Publishing Group
17 Meldrum Street, Beau Bassin 71504, Mauritius

Printed at: see last page
ISBN: 978-620-0-11223-1

Erotismo

El sexo ha sido tabú durante todo el oscurantismo medieval, la época victoriana y más de la mitad del siglo XX.
Pero en los años 50 y 60 del siglo pasado se dio la revolución sexual, en parte por la invención de la pastilla anticonceptiva, en parte por la aparición de revistas como Playboy y Penthouse.
Lo cierto es que la sexualidad es parte importante de la vida misma. Y no hay experiencia más cercana a esta en la gracia de Dios que el orgasmo.

En esta entrega quiero proponer poemas eróticos que pretenden ser hermosos y elegantes, y nunca vulgares. En la esperanza de haberlo conseguido, les dejo un trabajo que espero les agrade.

Con mi corazón en la mano y mi sonrisa en sus veredas...

Erotismo de momentos

Abrazado y apiernado
por tus ansias de mujer
puedo ver
(más allá del Universo)
el sagrado y bello verso
que se extiende al infinito.

Entre realidad y mito
desdibujo tus bondades
y las vuelvo a reconstruir
paso a paso, sueño a sueño.

Es así que te conmueves
es así que me obnubilo
y paseando por el hilo
de tu albor que en mí se mueve
me descubro firmamentos
en tu cándida sonrisa.

(Erotismo de momentos)

Y ya no llevamos prisa
eres mía sin ser mía
yo soy tuyo sin ser tuyo

Nos fundimos, nos mezclamos
mientras nos acariciamos.
Y un torrente de galaxias
se nos abre de repente...

Sorprendente!

Nuevamente
se eterniza nuestra vida
con la mágica salida
de este sol de nueva aurora.

Y eso es todo. Por ahora!

Palabra de mujer (Humor Feminista):

Una cosa es lo que quiere el ojo
y otra cosa es lo que quiere la pepa;
y es que:

El ojo lo quiere grande,
la pepa lo quiere chiquito
y por eso es que nosotras
lo queremos medianito.

(Mujeres al poder)

Instante eternizado

El instante eternizado
en el soplo de un suspiro
y en silencio yo te miro
sin mirarte, casualmente.

De silencios nos vestimos
de jadeos nos trajeamos
y sudores como perlas
nos donamos mutuamente.

El rocío de tus poros
los fluidos de tu espera
las caricias en la vera
del deseo exasperado.
Lo
Y un olor ajazminado
nos envuelve de repente,
es el gozo de la mente
que nos llueve lado a lado.

Es un sueño este momento
un candor que se energiza,
un clamor que me agoniza
en deseos de firmamento.

Es un sueño tu osadía
la esperanza que me embriaga
la sonrisa que me halaga
la caricia que te ansía.
U8
Y la flor que se deshoja
en mis manos y en mis piernas
9(senos suaves, ganas tiernas)
es amor que se nos moja

Sueño triangular.

(Inspirado en la canción "Pensiero Stupendo" cantada por Patti Bravo)

Y tú
y yo
y ella
que está abrazada a los dos
oh Dios

La cama
se mueve
como un mar en tormenta
con su aliento de menta
y canela en tus labios
que regala sus besos
sin discriminación...

Las manos
son seis
que trepan
las tres pieles desnudas
como la enredadera
sus orquídeas regala
y se eriza el sentido
se retuercen pasiones
y hasta las emociones
nos seducen extremas:

Una gran efusión
de caricias sin rumbo
nos envuelve a los tres
¡Pardiez!

Pensamiento vibrante
que se vuelve excitante
y también trepidante
como sierpe que sana y a la vez envenena
tremebunda y cercana...

Y el machismo que brota
de mi piel de cordero
que pretende ser lobo
sin más ni más...

Y el machismo que fluye
de mis toscas neuronas
y el instinto es más fuerte que yo
!Oh no, oh no!

Tus manos, sus senos
mis dedos, tu sien
mis labios, los tuyos
sus labios también
confluyen
con los tuyos también...que bien

Y nerviosos estamos
pero se ha decidido
que debiera ocurrir
este impúdico evento
por curiosidad o candor

Pensamiento vibrante
que se vuelve excitante
y también trepidante
como sierpe que sana y a la vez envenena
tremebunda y cercana...

¡Que olor!, ¡qué olor!:
Los poros que sudan
y exudan amor:
sentimientos, ternura y calor
fuego y llama y temor...terror
Tu fragua, la suya
mi sable al rojo vivo otra vez
¿lo ves?

Y tú
desnuda
y yo encendido
y ella y ella
caliente como un horno o un volcán tal vez
y volvemos de nuevo
a jugar con candela
como niños que vencen el miedo
y se atreven a más y más...

Y tú
dormida
y yo

que apenas estoy despertando ya ves
sin ella, sin ella
sin ella que nunca estuvo en la alcoba, pues no
no era más que otro sueño, un sueño...
un libidinoso y húmedo sueño
mejor
mejor
yo mejor me lo callo, mejor
y no te cuento ya nada mi amor
de este sueño vibrante
que se vuelve excitante
y también trepidante
como sierpe que sana y a la vez envenena
tremebunda y cercana...

Oh Dios, Oh Dios
que sueño tuve esta noche mi Dios
por Dios...

Yo mejor me lo callo
y reprimo el deseo
de tener a las dos
por Dios.

Forma sensual

Silueta difuminada en la forma voluptuosa
de un contorno inmarcesible:

ANTE MI; TUS COLORES DANZAN AL COMPÁS DE MIS DESEOS
Y LOS TRAZOS DEL VOLUMEN DE TU ESBELTA INMANENCIA
se me adhieren suavemente con fragancias aromadas;

y no hago más que encumbrarme mansamente
a la frenética locura de tu abrazo diluido
y esperarte en las orillas de pasiones innombrables;
y es entonces que emociones impetuosas y exaltadas
rompen contra los arrecifes de mis sueños entusiastas.

La textura de tu piel, algodonada y sublime,
me embarca en viajes insospechados y sensuales,
ya sin ancla, ya sin freno,
ya sin suelo en que apoyarme
y no quedan percepciones extraviadas:
todas ellas; adornadas por tu encanto,
arremolinan sus virtudes a mi entorno
y orbitando mis anhelos en centrípeto ademán
se funden sin proclamas ni pedidos ni resabios...
sólo dones y tesoros me circundan y me arrastran
a los nuevos universos a través de tu hoyo negro.

Y no quiero regresar de la mágica extensión
que conforma con tu forma geografías indelebles
de pasión desenfrenada...

Pliegues y repliegues.

Pliegues y repliegues de tiempos desmedidos
no fueron sino ausencias las vueltas de la vida
y todo se agiganta y el todo se estremece
cayendo en un vacío que sabe casi a muerte.

Cayendo en una nada que sabe casi a llanto
y entona una sirena de súbita advertencia;
y yo pierdo consciencia y tú pierdes decoro
en esta nueva danza y en este nuevo entorno.

Cayendo en una furia que enlaza con tu alcoba
me entrego a la lujuria, prescindo de razón
y todos los colores se juntan en tu cuerpo
y todos los laureles se ciñen a tu sien
y todos los acordes se mezclan con tu piel.

Y entonces ya la nada no tiene más amago
que el sueño de un poeta y el golpe de un halago...
Y así nos encumbramos a tiempos forajidos
con pliegues y repliegues de dicha y alegría
grabados con tu risa, colmados con tu aroma,
tallándose en mi torso tu lúbrica ambrosía.

Entrelazados.

Se coló por las rendijas de un silencio
justo antes de estallar la madrugada,
y era vientre y era seno y fogarada
el aliento disipando la hondonada.

Se soltó sus arrogancias como hebillas
que celaban un compendio de lamentos
y de auroras que sangraban firmamentos
y de ocasos cincelados a sus llamas.

Ya no habían más razones para el llanto
ya no habían más temores al acecho
sólo pieles sugiriendo tremendismos
con jadeos que ocultaban los abismos
de pasiones y rubores y aparejos
emotivos, hilarantes y bermejos.

Se fundieron como acero entre dos fraguas
y el vapor los sumergió en la odisea
del amor...ese amor tan explosivo
que; imponente, nos disuelve al mundo entero
en orgasmos de estallidos siderales;
deteniéndonos el tiempo y sus raudales...

Provócame.

Incuba tus caricias
en pieles escamosas
de turbios pareceres
que tengo por blasón

Y guárdame tu beso
muy dentro de estos labios
que claman por tus sueños
con una voz quebrada.

Y ven serenamente
y siémbrame tus senos
y fúndeme a tus muslos
y entrégate a mi pan

Es tu horno a mi canilla
edén florido y bello
y tu eres el destello
de mi hosca soledad.

Por eso ven amada
yo quiero tus jardines
sembrar con los jazmines
que guardo para ti

Tan solo para ti.

Soles.

Sol de ocaso sol de aurora
sol ardiente que no implora
mas seduce y bien provoca
de sus labios a mi boca

Sol de invierno sol de estío
seré yo a quitarle el frío
de su vulva hasta mis ansias
beberé de sus fragancias

Sol de tundra sol de selva
no pretendo que me absuelva
si derrito los glaciares
de sus tesoros lumbares.

Sol sagrado sol profano
seré yo a sembrar su llano
seré yo a talar pinedas
en sus lindas arboledas
y en su pristina pendiente
seré yo a sembrar simiente
y a sus senos siderales
daré lluvias a raudales
con calor de fogarada
vestiré su cuerpo de hada

Pasional frenesi.

Seré el cincel que cincele tu escultura
seré el pincel que pincele tu figura
el lienzo será el mundo
el arte será tu sonrisa
tus orgasmos serán mi delicia
y el silencio será nuestro amor

Más allá del ocaso y la luna
más allá de la muerte y la nada
te amaré tanto y tanto y desnuda
le daré el crisol de mi espada
a tu forja de mil llamaradas
y en tu aliento pondré mi templanza
y en mi aliento pondrás tu esperanza
y entre aliento y aliento seremos
talladores de nuevos mañanas
y gemidos, caricias y besos
sembrarán de floridos vergeles
tus estrofas repletas de versos
que sensuales excitan y espasman
mi pasión, frenesí y mi lealtad.

Pasión volcánica.

El néctar que desborda de tus labios tibios
desplázace furioso como lava hirviente
enciende las pasiones de mi piel ardiente
fundiendo tus deseos a mi cuerpo anfibio.

Me hundo en las cavernas de tu vientre esbelto
cubierto de perfumes de tu geografía
al fin me correspondes y te me haces mía

al fin me re descubro en tu piel disuelto.

Y somos una carne y una carne sola
famélica de besos, abrazos y caricias
bañada en la fragancia de cándidas delicias
la carne, nuestra carne se vuelve fumarola.

Y luego me consientes con tu amor nutricio
y luego me regalas tu susurro alisio
y luego yo suspiro entre tus tiernos brazos
soñando ya dormido el mar de tus sargazos

Son.

Son las rosas de tu boca
tan fragantes, tan fragantes,
que te miro y me provoca
darte besos delirantes.

Son la niñas de tus ojos
tan coquetas, tan coquetas,
que seducen mis antojos
de arrancar tus pantaletas.

Y tus cándidas orejas
tan tenaces, tan tenaces,
me recuerdan las parejas
cada vez que hacen las paces.

Son tus muslos siderales
tan perfectos, tan perfectos,
que parecen irreales
pues carecen de defectos.

Los jardines de tu enagua
tan floridos, tan floridos,
se parecen a la fragua
en que quiero hacer mis nidos.

Trenes que viajan

Trenes que viajan sin ausencias sin olvidos
por las tierras de presentes sin pasados ni futuros
el ahora entre tus piernas
regalando sus tesoros
a mi aliento espasmódico y fluctuante
a mis ansias de gitano eternizado por las brisas
de una aurora invencible y tremebunda

No seré yo quien desvele los secretos
de la magia del rubor de tus deseos
los tendré atesorados en los pliegues de mi alma taciturna y desmedida
junto al verso de tu ensueño
junto al verso de tus sueños
junto al verso de tu beso hermoseado por las lunas
que se entregan a sus soles en las noches clandestinas
que no existen
aunque...¡brillan en tus ojos!

Las pupilas de las lunas clandestinas me sonríen
cuando miras con malicia deliciosa
estos labios que se rozan en silencio
al silencio inadvertido de tus muslos melodiosos
cuando bebo de la fuente de la eterna juventud
de la fuente que te brota milagrosa
desde el fondo de tu vientre maravilla...

Orgasmo religioso.

En tu mirada la mirada divina
en tu sonrisa la sonrisa de Dios
en tus paisajes bendiciones sin fin
que se me entregan como mágico Edén

Yo no cobijo mis miserias añejas
yo no interpongo mis pecados sin fin
tan solo miro tu bendita presencia
y a ti me entrego, sobrio, parco y feliz.

Eucaristía es tu beso sagrado
Eucaristía tu caricia serena
es por tu amor que me he vuelto Cristiano
con mi dolor me acrisolo en tu altar.

Es el orgasmo quién me acerca a la Gloria
entre tus brazos estoy más cerca de Dios
y me bendice esa piel linda y bella
que zurce heridas, cicatrices y tos

Eres el templo del Amor Consagrado
eres el cielo que buscaba en mis sueños
eres la puerta que conduce hacia el Reino
y por tu amor estoy más cerca de Dios...

P.D.:

El orgasmo es la sensación más cercana a la de estar en la Gracia del Altísimo
Benditos los que disfrutan del sexo, pues el sexo es creación del Dios Vivo, y entonces
¿cómo puede ser sucio algo que ha creado el mismísimo Dios?
¡Sacerdotes, recapacitad por favor! dejen de llamar sucio al Creador, ya dejen la blasfemia
UPS, CREO QUE SE ME FUE LA MANO
Amén.

Amores invencibles.

Somos un alma sola
que el lindo ocaso blinda:
aliado que descolora
y se esconde tras la luna
y la luna se te espeja
en tus ojos siderales
en tus curvas exquisitas
en tus lineas formidables
y te miro y me asusta
no poderte complacer
y te escucho y me serena
tu jadear maravilloso
que me hace estremecer

Las pasiones pasionarias
se regalan sin pedirlas
nos enlazan, nos enredan
en amores invencibles
geografías imposibles
de los mundos virtuales
que generan tus caricias
y me regalan tus besos
cada vez que te abrazo
entregado y asistido
por este corazón dolido
que te ama y te venera

Cuerpos fundidos

En tu cuerpo me fundo
curtido de esperanzas
y me vuelvo tornado
y revuelco tus risas
y me anido a tus ganas:
Cien cuchillos de palo
te regalo, mi Reina
para hundirlos en cuevas
de perladas bondades
que te bullen y bullen
y me abruman y abruman...

Danzaremos unidos
esa danza del vientre
que me evoca volcanes
en perfecta erupción:
erupción de tus besos
erupción de caricias
erupción de fluidos
que se mezclan sin pausa
mientras tiembla la tierra
mientras hierven los mares
mientras lloran las nubes
y se ríen las edades
y el entero Universo
se arrodilla de hinojos
ante tanta belleza
que te observan mis ojos
ante tanta ternura
que te siento brotar
cuando brotan mis venas,
mis deseos, mis pasiones
mis delirios, tus dones
y la magia total
de tu danza sensual
cabalgando este cuerpo
que se quiebra de espasmos
y que suda de goces
en tu honor,
por tu amor
por tu aura vital.

De amores y nalgas (dos poemas)

Kilimanjaricas Nalgas (Poema 1)

En las faldas de tus kilimanjaricas nalgas
los leones abaten a las cebras
la gacela escapa del guepardo
debate de vida y muerte
en que el depredador deseo
devora mis pasiones sin piedad

Mujer...
me inspiran los prados
y las selvas y sabanas
ocultas por tus nevadas faldas
como tesoros ancestrales
guardados en guaridas hermoseadas
por las perlas y las joyas de tu encanto

Nalgas Hidalgas (Poema 2)

Fiesta sobre sabanas y selvas
fiesta en lo profundo de ríos
entre calores y fríos
se escabullen las melvas
bailan las arañas
en mis entrañas
por tus nalgas
hidalgas;
Amor
fiel

Lienzo de amores.

Seré lienzo en blanco
a la espera de tus vivaces colores
tus líneas, tus formas, tus figuras
...llenarán mi piel intoxicada
liberándola de toxinas y expectativas malheridas.

Seré sembradío inerte
a la espera de tus semillas y simientes:
granos y cereales, gérmenes y embriones
germinarán en mis adentros con tinta de tus versos
con fluidos de tu vientre,
con ansias de tu boca
y caricias de tu frente.

Seré artista plástico en tu cuerpo de murales
y será mi pincel a dibujar ríos, afluentes, arroyuelos y parajes
en las sedosas colinas de tu pecho,
en las suaves hondonadas de tus pieles
y en las mismísimas entrañas de tu estela peregrina...

Y maravillosas ternuras, promesas de futuros por venir
se anidarán en la convexidad de tu mágica esencia
para plasmarse dádiva fiel de amor incondicional
...de amor perfecto... por nacer

Desnudo.

Estoy desnudo ante tus ojos
estoy desnudo ante la vida
desnudo, desnudo, desnudo
en mis sueños desnudo
bajo tu aliento desnudo
bajo la llama de tu brasa desnudo
desnudo e indefenso ante el clamor de tu amorío
desnudo y tiritando ante tu mirada inquisitiva
desnudo y cabizbajo ante tu sonrisa perversa
desnudo y más desnudo...
tan desnudo como invisible y diminuto...

Abrázame ya
cobíjame en tu cuerpo de chaleco antibalas
antes de que estalle el tiroteo de expectativas,
y exigencias y condiciones y temores y desplantes
y excesivas palabras...

Conjuntivitis papilar.

Tengo los ojos tan hinchados que arden
y quieren salirse de sus órbitas
No puedo leer a pesar del gran esfuerzo
porque las letras bailan; descaradamente, ante mis pupilas...

La danza del vientre de las consonantes
La danza de los siete velos de las vocales
danzas sensuales que me distraen de los contenidos.

Pero ¿cómo puedo leer nada
si las haches parecen hacerle el amor a las aes
si las ies parecen abrazar con sus muslos
las caras sorprendidas de las jotas
cómo puedo leer
si todo lo que veo
es una orgía de letras desnudas
sensuales, orgásmicas, alegres y místicas
un todos contra todas
que amenaza con arrastrarme a la locura...

Te deseo Amor.

Te deseo Amor
amándote como fuego al leño
como ola que rompe en los arrecifes
como pálpito que tamborilea
y sufre
y goza
y busca
y brama
y quema
y huye
y vuelve
y te encuentra
en danza ancestral
de muslos entrelazados
y de caderas sísmicas
y de alientos huracanados....

Te deseo Amor
con el bullir de mis arterias
con el izarse de mi asta
hasta el mismísimo delirio
con el fragor de mi piel
que busca ansiosa
la candela de tus hornos
el crisol de tus curvas
el dulzor de tus néctares floridos
el aroma de tus jugos frenéticos
y de tus sudores ecuóreos.

Te deseo con el deseo que duele
y duele y duele
de tanto que te deseo

Sensualidad.

La palabra precisa,
el momento esperado,
una luna poetiza
tu silencio sagrado:
del desván surgen flores
de tu sien sus corolas
del perfume en tu piel
brotan mieles y polen
y pistilo a pistilo
me deshago en tu vientre.
En tu seno derrito
mis tesoros más cautos
y en tus piernas candentes
mi suspiro y mi aliento
se despeñan rodando
hacia perlas sedientas
del salitre que entrego
a tu grito, a tu canto...

Una lágrima alegre
me festeja en silencio
una tenue sonrisa
que celebra tu gracia
se me asoma en delicia
y acaricia, y acaricia...
Luego el sueño nos vence
y me rindo a tu abrazo
y me quedo dormido
con el suave latido
de tu pecho en mi oído...

La gracia de tu aliento.

Me palpita el corazón por tus deseos
son retazos de tus luces irisadas
bajo lluvias de lágrimas de ausencia
entre arroyos de palabras musitadas.
Es tu nombre el que asalta mi delirio
es tu talle el que agobia mis sentidos
es tu aura la que tienta mi alma viva.

Las veredas se entrelazan en mis sueños
forjando encrucijadas con tus sendas
y no queda mas victoria que un suspiro
es el soplo de la gracia de tu aliento.

Universo somos.

Universo somos
cuando nos fundimos
universo somos
cuando nos amamos
cuando nuestros sueños
se hacen realidades
bajo un sol naciente
bajo lunas nuevas

Cierro los ojos.

Cierro los ojos
acallo las dudas
enciendo jadeos
propongo incoherencias,
me oprimo a tu seno
desplomo mi hombría
y siento fundirse
tu alma y la mía...

Pistoneando en tu hondonada.

Si me dejas pistonear en tu hondonada
aceleraré tu maquinaria cardíaca
hasta llevarla a velocidad luz.

Así detendremos el tiempo
y la eternidad cincelará el segundo
de nuestro orgasmo infinito y sideral
a nuestro recuerdo inmortal.

Déjame engrasarte con mis fluidos
y te dejaré lubricarme con los tuyos,
seremos motor de historia universal
e intergaláctica
siempre juntos
pegados
fundidos
en un abrazo que abrasa
y acrisola,
aquí y ahora...

Seductora dama blanca.

Seductora dama blanca
que acaricias la bañera,
acaríciame ahora mismo
este aliento de nevera.

Bella, hermosa mujer blonda
con aires de cordillera,
regala bermejos besos
a mi extenuada carrera.

Mujer esbelta y vibrante
tallada en buena madera,
dame cálidos abrazos
hasta el día en que me muera.

Atadura de apego (soneto decasílabo con doble rima)

Tormenta en tu cintura de fuego
que embiste mi deseo; lo enciende.
Por ti me he vuelto reo, por ende
me aplico a la premura del ruego.

Yo amo; en tu finura, su juego,
en ti me regodeo, sorprende
el cómo un lloriqueo propende
feliz, y a tu apertura me entrego.

Así, con atadura de apego
cubierta del jadeo que emprende
obra de parpadeo; suspende

en mí; tu comisura, sosiego.
Y caigo ante tus dones de hinojos
sin más inhibiciones que antojos.

En tus palpitaciones, ¡mis ojos!

No entiendo.

Los olores naturales de tu piel
los prefiero al perfume ese que bebes,
las caricias se estremecen en mis manos
y los besos se me escapan de los labios.

Has logrado esclavizar mi lengua libre
con grilletes que forjaste con sonrisas
con cadenas que labraste con elogios,
y acá estoy,
lamiendo mi futuro entre tus huesos
hundiendo mi presencia en tus cavernas
gimiendo ante el gemido de tu orgasmo,
no entiendo cómo hechizas mis resabios
y los haces cautivos de tu amor.

No entiendo cómo enciendes esta hoguera
y su brasa y su humareda y su candor...

Bermejo vientre.

Mi humilde azada, en tu surco
revela el génesis de un universo
privado, infinito y atemporal.

Las gotas de sudor de tu frente,
se vuelven arroyo y manantial
y fuente en que calmo mi sed.

Barloventeo alegremente;
por los mares de tu ecuórea
vulva orbicular;
zurumbático,
ansioso y ardiente.

Y de repente
un barrunto asalta mi mente:
surgirá nueva simiente
de tu bermejo vientre.

Bendita.

Bendito el astro que se ilumina
en tus ojos siderales,
benditos los carnavales
que danzan en tus sostenes.

Benditos sean los vaivenes
de tu caderear hechicero,
bendito sea el gondolero
que desde tus pies me saluda.

Bendita dama desnuda
que te entregas a mi abrazo,
bendita; si fuera el caso,
sea la vulva en que me hundo.

Bendito sea el mar profundo
que ornamenta tu humanidad;
bendita la sinceridad
con que te fundes a mi ser.

Bendita tú seas mujer...

Danza cósmica.

Las ondulaciones del edredón marino,
se acompasan al ritmo de tus caderas
mientras bebo de tu fuente grata
el dulce néctar que; feliz, me embriaga.

Me zambullo entre tus honduras siderales
atrapado por gravedades manifiestas.
Como agujero negro y supernova
se revelan nuestras identidades:
Tú y yo, entramados en danza cósmica.

Cederé a tus delicias y encantos,
¿qué más podría hacer mi ataúd de voluntades?.

Nada, excepto quererte más,
excepto ¡quererte tanto!...

Distancia aledaña.

Entre tus brazos, mi esencia
entre tus piernas mi flama,
en tus ojos la ausencia
que obscurece la llama.

Estás conmigo
estoy en ti,
mas no te siento
aún aquí.

Estás conmigo,
estoy en ti
mas tú te pierdes
lejos de aquí.

Cómo te extraño,
aunque te toco
aunque te veo
debajo de mí.

Cómo te añoro...
porque no estás
aun estando
dentro de ti.

Entre tus piernas mis sueños.

Entre tus piernas, mi sueño
de coladas y avestruz,
de tu encanto y de tu luz
no pretendo ser el dueño.

Eres tú la soberana
de tu vida aventurera,
eres pues la costanera
avecilla que engalana
con tus vuelos, mi vereda;
con tus cantos, mi jornada
y mis manos con tu seda.

Eres pues la miel manada,
canto de ola que remeda
mis reflejos de cascada.
Eres tú la llamarada
que incinera mis deseos
de morir en coliseos
por tu amor, mi bienamada.

Más de una jornada.

Si fluctúas con tu cuerpo en mis poros
y compones con tus besos mi silueta,
no podremos más que amarnos con decoro
concediéndole al mundo su receta
de alegría.

Eres mía
y navegas en piragua de caricias
por las aguas de esta piel aún helada,
sólo espero que las rosas y las risas
nos duren mucho más de una jornada.

Seré tuyo mientras toques este cuerpo
mientras hundas en mi alma tu belleza,
mientras llenes con tu aliento la odisea
de romper las barreras de tristezas.

No volverás a ser mia.

Amor, sexo, erotismo, pornografía...
y un secreto deseo de que vuelvas a ser mia
y un profundo temor de revivir agonías
en esta noche sesgada por la falta de osadía.

Amor, sexo, erotismo, pornografía...
y la sentencia temprana de la lejanía
No voverás a ser mia
¡jamás!

Sexi geometría.

Hiperbólica aspiración
de tenerte muy cerquita,
mi preciosa princesita
para brindarte mi emoción.

Parabólica tentación
de abalanzarme en tu abrazo,
para marcar; con mi trazo,
el terreno de tu ambición.

Piramidal contribución
al amor incondicional,
haz transformado lo normal
en toda una revolución.

Cilíndrico, mi fiel deseo
se desploma en tu humanidad,
transformando la realidad
en vigoroso aleteo.

En un soplo de cubismo;
danzas frenéticamente
sobre mi cuerpo caliente,
concluyendo el hermetismo.

Te espero, te aguardo...

Te espero a la orilla de la aurora
morada de una tregua imbatible,
allí donde todo es comestible,
allí donde reinan fauna y flora.

Te aguardo hacia la vera del palmar,
hogar del silencio indetenible,
allí donde soy más invencible
y juego nuevamente a ser juglar.

Te espero en el umbral de la nada
morada de la fe y de la verdad,
acullá donde todo es potestad
del verso y su rima bienamada.

Te aguardo en una esquina del placer,
hogar de pasiones indecibles,
donde hay sensaciones imposibles,
lugar en que jamás podrás perder.

Ya llego, no te agites, espera...
Ya va, no te inquietes ni te vayas,
espérame tantito que ya voy.

Te beso poco a poco.

Atado a tu cadenciosa figura
me hallo fascinado y loco
mientras te beso poco a poco
linda y ecuórea criatura.

Me llevas a comarcas irreales
en un viaje sin inicio y sin retorno,
un viaje de pasión y de soborno
pasando por tus muslos siderales.

Un viaje por tus senos bien torneados
sublime amapola colorada,
princesa por mi ser aprisionada;
me aferro a tus labios pincelados
en mi alma.

No busco calma
sino tu jadeante frenesí interminable
tu caricia sincera y amable
y un poco de poesía
que de tu boca llegue a la mía.

Rosa que te quiero rosa.

Rosa que te quiero rosa,
rosa como la aurora
cuando la aurora es rosa,
rosa como el temprano ocaso,
rosa como el acaso
y el quizás.

Y entre un acaso y un quizás
dóname un hilo de esperanza rosa.

Rosa que te quiero rosa;
rosa, como tus túrgidos pezones rosa,
rosa, como tu sedosa vulva rosa,
rosa, como tus encendidos labios rosa,
rosa, como la fragancia que; desde ti, me acosa
cuando mi piel, a tu hadado cuerpo roza.

Y esa ansiedad que te rebosa
pues, esa también la quiero rosa.

Mi visco y tu obelisco.

El mar, la playa, tu seno, su arrullo;
el oleaje y su vaivén, como el tuyo,
mi cuerpo dentro de tu alba intimidad:
¡mis cuatro minutos de felicidad!

La noche y su gran cortejo de estrellas,
la arena, yo contigo y tú a mi lado:
momento que se muestra ensimismado
mientras me donas tus prendas más bellas.

Y pienso: " Por ahora no hay querellas";
solo hay besos, caricias y lamidas,
mordisqueos, abrazos y mordidas

y en medio de tus dulces embestidas,
entre tus piernas encuentro mi visco
y sobre mi cuerpo hallas tu obelisco.

Lujuria y deseo (La eternidad es cosa de minutos)

Callan los abismos esta noche
y las flores del jardín que riego esperanzado
se deshacen en un manojo de vellos,
los vellos variopintos de tu grial;
que abrazo y acaricio en la penumbra:
apenas adivino tu silueta
y a la vuelta de tus glúteos
siento un pálpito profundo
de un amor que se hizo prófugo en una noche sin hechizos...

Beso y lamo, lamo y beso
como cachorro hambriento de promesas
y diseño con mis dedos el deseo de tu rostro...
sin querer...

Te adivino seductora, animada, idílica y lujuriosa,
te adivino emprendedora, frenética, ágil y voluptuosa...

Y así te me descubres
en una desnudez glorificada
por tu tímida mirada de poetisa muda
de musa almidonada,
y mi piel curtida, dolorosa y soñolienta
resucita ante tus jadeos de éxtasis
y felicidad...

La eternidad es cosa de minutos...
Y aún así dura para siempre...

El sello.

Entallaré en el cielo tu nombre,
con una luz por cincel
y con un beso de hombre
pondré mi sello en tu piel.

Te cubriré de sudores
fluidos, suaves aromas.
besos, caricias y olores.

Serán mis poros, tus poros,
serás mi piel, tú... mujer.

Desencanto (ovillejo)

¿De quién recibo veneno?
tu seno.
¿Y quién azota mi prisa?
tu risa
¿Y qué es lo que quiero tanto?
tu encanto.

Por eso me desencanto
cuando tu orgasmo es tan leve
que muestras con furia breve
tu seno, tu risa, tu encanto.

Chocolate con fresas.

Ébano entre mis manos,
mientras
me deslizo piel abajo
con ansias de dulce cacao...

Y al llegar a la entrepierna
lamiendo los negros labios,
se me abren dulcemente
y ¡sorpresa!
están llenos de fresa.

Ébano entre mis dientes,
mientras saboreo el postre divino
que me donas con frenesí:
chocolate con fresas....

Lirio y Rosa

Yo soy lirio,
te saludo, mucho gusto...hola,
déjame colocar mi pistilo en tu corola;
lentamente,
suavemente,
al principio solamente,
y después
avidez
de frenesí
porque sí.

Y tú eres rosa,
maravillosa,
esplendorosa
y silenciosa,
excitada y quisquillosa,
te me acercas sigilosa...
Apenas sí me roza
el pétalo de la palma graciosa
de tu mano insidiosa
y curiosa.

Yo soy lirio
tú eres rosa,
cadenciosa.
Caderea para mí,
serpentéame aquí,
aráñame felina
y seré tu golosina,
regálame el perfume de tu ser
y déjate querer;
déjame querer...

Orbitándote.

Orbitando alrededor de tus senos,
como luna de cristal o miel o panal
u hoguera o fuego fatuo,
me encuentro atrapado por tu gravedad sideral.

Te orbito
obediente, quedo y taciturno
mientras exiges más,
y más y más y más y más y mucho, mucho más;
y mucho más te doy,
hasta quedar totalmente extenuado,
boquiabierto como pez fuera del agua,
cansado, atontado, agotado, asfixiado, boqueando...

En tus profundidades coralinas
he buceado en completa y total apnea;
y tan sólo quiero que usted vea
que ya no me quedan más fuerzas.

Ahora, tan sólo abrázame
y déjame dormir
un ratito
calentito
entre tus tiernos brazos,
acunado en el vaivén de tus abrazos
ultramarinos y siderales.

Me dejó aniquilar, apasionado.

Abrazado a tu desnudez gloriosa,
me percato de tu frágil cintura,
de tu fascinante y nítida lindura,
de tu alocada sencillez briosa.

Cabalgas sobre mí como amazona
en busca de recodos olvidados,
encuentras los tesoros consumados
por la pasión ardiente que destrona.

Y yo, fulgor secreto ya domado
entrego en tu enagua mi deseo.
y como hiciera a tiempo Prometeo
me dejo aniquilar, apasionado.

La estrella

En la bruma crepuscular
flota un arrecife sobre el mar,
una estrella marina intenta escapar
de sus aguas, para ser estrella celeste.

¡Qué gala; qué fulgor improviso te viste!
y qué mano la mía que llega y desviste
tu silueta ecuórea y muda
para plasmarte musa desnuda.

El mejor de mis orgasmos.

Entre tus senos
surge un sol de nueva aurora,
disipando mis penumbras,
desvelando claridades.

Entre tus piernas
brota un sueño muy risueño,
alegrando mis penurias
despejando mis sonrisas.

Entre tus brazos
soy delfín en aguas claras,
soy halcón entre las nubes
soy bullicio y soy silencio.

Es tu felicidad
el mejor de mis orgasmos.

De tus pieles pido el cielo que te viste...

De tus pieles pido el cielo que te viste,
de tus ojos, la mirada estrepitosa,
de tu pubis, quiero el fuego de su rosa,
dame presto el gran orgasmo que te asiste.

Cabalgando tú en mi cuerpo como oleaje
desenfunda ya mi espada con tu anhelo,
dame vidas, esperanzas y consuelo
y visión enamorada; de brebaje.

En tus hechizos me asimilo ávidamente,
tus tesoros yo recelo con tesón,
en tu vientre depósito la simiente
que partiera de este blando corazón.
El orgasmo pronto se hace inevitable
en jadeo continuado e infatigable.

Tus lujurias alimentan mi pasión...

Alcoba, no te ilumines todavía. .

Tu cuerpo aletea sobre mi sonrisa descarada,
y ya no queda nada
del dolor que antes sentía.

Gimes y jadeas
y a ratos ronroneas
con excitación felina,
y una clandestina
pasión nos acompasa
en una misma nota
en una misma casa.

Alcoba que denota
ansias de amantes,
no te ilumines todavía,
déjanos disfrutar de la oscura fantasía
que nos atormenta.

Deja que esta tormenta
de movimientos placenteros
persista
eternamente.

Caperucita y el lobo.

¡Qué ojos tan grandes tienes!
-son para bucearte mejor-

¡Qué nariz tan grande tienes!
-es para olfatearte mejor-

¡Qué labios tan grandes tienes!
-son para chuparte mejor-

¡Qué lengua tan grande tienes!
-es para lamerte mejor-

¡Qué...! (interrumpe el lobo)
-Ya déjate de necedades, métete a la cama,
y hagamos el amor.

Y Caperucita, tal como hacen la viuda negra y la mantis religiosa;
religiosamente
se comió al lobo
después de hacerle el amor.

¡La muy glotona!

Autor Felipe Antonio Santorelli Iovino
Alias tonisan
Alias Yomismo Denuevo.

Printed by Books on Demand GmbH, Norderstedt / Germany